Julie cuisine à l'avance

Julie cuisine à l'avance

Julie Andrieu

Julie cuisine à l'avance

Albin Michel

Directeur de collection
Claude Lebey

Directrice d'ouvrage
Lise Boëll

Un grand merci
à Julie Ceresne, pour ses conseils avisés,
à Yannick Alléno, Ursula Freiss, Marc Lévy, Francis Staub, Romain, Brigitte et Michel Villeneau
pour leur très amicale participation au programme,
à Brigitte Huault Delannoy (TF1) ainsi qu'à l'équipe très active de notre parrain Whirlpool,
sans qui « Julie cuisine » n'aurait peut-être pas vu le jour,
à Sylvaine Landon, Yann Lhénoret ainsi qu'à toute l'équipe qui a permis à « Julie cuisine »
de prendre cette jolie forme,
sans oublier ma mère.

Pour lutter contre l'anxieté – considérée par certains comme le mal du siècle – je ne connais qu'un seul remède : cuisiner ! Je ne parle évidemment pas du réchauffage distrait d'un plat sous vide, ni même du steak-pommes de terre sautées préparé à la hâte entre le bain du petit dernier et le coup de téléphone à la meilleure copine. Je fais plutôt référence au moment choisi, celui que l'on consacre délibérément à la préparation d'un plat après avoir soigneusement sélectionné les ingrédients ; je parle de ce moment de détente, de fraîcheur, de silence, de cette heureuse parenthèse que l'on s'accorde comme une récompense car l'on sait à quel point c'est une promesse de plaisir pour tous et de simplification pour nous-mêmes.

Cuisiner à l'avance, c'est donc cuisiner quand ça nous chante, cuisiner pour le plaisir (qui vous reprochera ces cinq bocaux de confitures ou ce pain de viande destiné à utiliser les restes de rôti ?), cuisiner sans se presser, cuisiner sans stresser (exit la menace de l'échec car l'on a toujours la possibilité de recommencer), c'est enfin se permettre de rester disponible pour ses amis jusqu'au moment de passer à table, l'esprit serein, l'humeur à la gaieté.

Pour ceux qui s'attachent à faire du repas un moment d'exception, cuisiner à l'avance, c'est accepter de faire de l'acte nourricier un don de soi. L'ultime preuve d'amour, en quelque sorte...

Julie Andrieu

Sommaire

B.A.-Ba

Sucré

Salé

Végétarien

B.A.-Ba

POUR 1 BOUTEILLE PRÉPARATION : 5 MIN • CUISSON : 8 H

- 250 g de petites olives noires au naturel, dénoyautées
- 30 cl d'huile d'olive

Huile noire

Une recette magique qui couvrira vos légumes et vos poissons de mystère. La petite souris que je suis l'a chipée dans les cuisines de Michel Bras, dont j'ai eu le privilège de faire le portrait pour un magazine gastronomique. Les 48 heures que j'ai passées sur son aride plateau de l'Aubrac ont laissé une trace définitive dans mon approche de la cuisine... sans parler de quelques recettes qui font partie de la très petite famille des véritables créations culinaires contemporaines. Merci Michel.

1 Allumez votre four au minimum à 50 °C (th. 1-2) pour qu'il fasse office d'étuve. Laissez la porte entrouverte. Etalez les olives sur la plaque du four couverte de papier aluminium, sans qu'elles ne se chevauchent. Laissez les olives se dessécher pendant 8 heures (ou une nuit). Sortez la plaque du four et laissez refroidir.

2 Mixez les olives avec l'huile jusqu'à ce que le mélange soit complètement noir. Conservez dans un bocal ou une bouteille à l'abri de la lumière pendant 1 mois au frais ou quelques jours à température ambiante. Servez comme assaisonnement de poissons grillés ou bouillis, sur des légumes ou sur des carpaccios.

conseil

Cette huile s'utilise pour l'assaisonnement, mais pas pour la friture. En revanche, vous pouvez imiter Michel Bras et laquer un filet de poisson en l'arrosant d'huile noire régulièrement pendant sa cuisson.

POUR 6 À 8 PERSONNES

PRÉPARATION : 15 MIN

- 50 g de feuilles de roquette
- 2 cuil. à soupe de pignons
- 40 g de parmesan frais
- 1 petite gousse d'ail
- 4 lamelles de tomates séchées
- 3 cuil. à soupe d'huile d'olive

Pistou de roquette

Le pistou, tout le monde connaît. Pâtes, salades, ou nature, sur un petit croûton de pain aux olives... C'est bien utile pendant l'été. Un classique trop consacré pour que je ne me pique de le faire à ma façon, en remplaçant le basilic par de la roquette, et en ajoutant quelques tomates séchées pour le petit goût pointu.

1 Lavez et séchez la roquette. Faites dorer les pignons à sec dans une poêle antiadhésive pendant quelques minutes.

2 Râpez le parmesan, mixez-le avec les feuilles de roquette, l'ail, les tomates séchées, les pignons et 1 cuillerée à soupe d'huile d'olive.

3 Ajoutez le reste d'huile d'olive petit à petit, jusqu'à ce que la préparation soit homogène.

4 Versez dans un bocal, couvrez d'huile d'olive et conservez au frais, jusqu'à 1 mois.

POUR 4 PERSONNES | PRÉPARATION : 15 MIN • CUISSON : 1 H 30 À 2 H

- 6 tomates bien mûres
- 4 gousses d'ail
- 3 brins de thym
- 1 cuil. à café de sucre
- 2 cuil. à soupe d'huile d'olive
- Sel et poivre

Tomates confites

J'ai toujours rêvé d'écrire un livre qui recenserait les plus grandes inventions de la cuisine française. Pour se souvenir que Michel Guérard fut le premier à oser marier haricots verts et foie gras dans sa salade folle, que Michel Bras inventa le désormais universel coulant au chocolat ou encore qu'Alain Ducasse mit au point une recette de tomates longuement confites au four, inspirée des tomates séchées comme on les prépare depuis des siècles sur les bords de la Méditerranée. Voilà celle de Monsieur Alain, un peu personnalisée forcément... Faut bien se faire une place dans l'histoire !

1 Préchauffez le four à 90 °C. Plongez les tomates 10 secondes dans l'eau bouillante. Rafraîchissez-les et pelez-les. Coupez-les en quatre, retirez les graines et le pédoncule. Epluchez les gousses d'ail et écrasez-les.

2 Huilez une feuille de papier aluminium, déposez-y les quartiers de tomate et recouvrez d'ail. Saupoudrez de sucre, de sel, de poivre, d'un peu de thym effeuillé, arrosez d'huile d'olive et enfournez. Laissez cuire 1 heure 30 à 2 heures.

astuce

Ajoutez 1 goutte de vinaigre balsamique sur les quartiers de tomate avant la cuisson.

PRÉPARATION : 10 MIN • REPOS : 30 MIN AU MINIMUM

- 4 petits suisses
- 120 g de farine
- 120 g de beurre
- 1 pincée de sel ou de sucre

Pâte feuilletée maison

La pâte feuilletée, une galère à préparer ? Sauf si vous utilisez mon truc magique : mélanger à parts égales, beurre, farine et petits suisses. A cuire à blanc pour des tartes ou des feuilletés apéritifs.

1 Dans un grand saladier, versez la farine, le sel (ou le sucre) et creusez un puits. Ajoutez le beurre ramolli en morceaux et les petits suisses (sans leur petit lait). Mélangez du bout des doigts jusqu'à ce que la préparation soit homogène.

2 Formez une boule, recouvrez-la de film alimentaire et laissez reposer 30 minutes au moins.

3 Avant de l'étaler, saupoudrez la boule de farine et travaillez-la au rouleau.

conseil

Cette pâte est plus aqueuse qu'une pâte feuilletée traditionnelle. Cuisez-la à blanc de préférence et plus longtemps qu'une pâte classique, puis faites-en des torsades apéritif ou une tarte Tatin.

POUR 6 PERSONNES PRÉPARATION : 5 MIN • SALAGE : 12 H • SÉCHAGE : 15 JOURS

- 1 beau magret de canard
- 250 g de gros sel
- 1 cuil. à soupe de poivre mignonnette
- 1 cuil. à café de gingembre en poudre

Magret séché

Si mon papa ne m'avait pas montré sa technique pour fabriquer lui-même le magret de canard séché, j'aurais pendant encore longtemps continué de l'acheter sous vide au supermarché. Pas forcément mauvais d'ailleurs, mais tellement moins valorisant que la version « maison ». Le matériel ? Un réfrigérateur et de la patience...

1 Couvrez le magret de gros sel côté chair. Laissez reposer au frais pendant 12 heures. Retirez le sel puis passez le magret sous un filet d'eau pour en retirer l'excédent.

2 Séchez-le et couvrez-le de poivre mignonnette et de gingembre. Pressez légèrement pour que les épices adhèrent bien au magret.

3 Placez-le dans le bas du réfrigérateur, en le couvrant d'un torchon mais sans l'emballer. Laissez sécher 15 jours au minimum.

conseil

Si vous souhaitez obtenir un magret plus sec, laissez-le sécher encore quelques jours. Utilisez en apéritif, tranché fin, ou en salade avec des noix et des fruits secs et frais.

POUR 4 PERSONNES

PRÉPARATION : 10 MIN • CUISSON : 15 MIN

- 500 g de tomates bien fruitées
- 1 oignon rouge
- 1 petite gousse d'ail
- 2 cuil. à soupe d'huile d'olive
- 2 brins de thym
- 1 feuille de laurier
- 2 branches de basilic
- 1 cuil. à café de sucre
- 1 louche d'eau ou de bouillon
- Sel et poivre

Sauce tomate

Ne me dites pas que vous achetez de la sauce tomate toute prête ni que vous cuisinez en sauce des tomates élevées sous serre et cueillies en plein hiver ! Pour tous ceux qui seraient tentés de répondre oui (et ils sont nombreux), voici une recette inratable qui vous permettra de mettre en pot les meilleures tomates de l'été.

1 Pelez et hachez l'ail et l'oignon. Faites-les fondre dans une cocotte avec l'huile d'olive pendant 5 minutes à feu assez vif en remuant souvent.

2 Pelez les tomates (trempez-les 1 minute dans de l'eau bouillante pour que la peau se retire facilement). Pressez-les entre vos mains pour en retirer les graines. Hachez-les grossièrement au couteau et versez-les dans la cocotte. Ajoutez le thym, le laurier, le sucre et l'eau (ou le bouillon) puis couvrez.

3 Laissez cuire 10 minutes à feu vif en remuant 2 ou 3 fois. Retirez le couvercle et faites réduire à feu doux sans cesser de remuer. Ajoutez le basilic en fin de cuisson.

astuces

- *Pour gagner du temps, pelez les tomates en les passant au-dessus de la flamme de votre cuisinière.*
- *Ajoutez un peu de sucre, ou mieux, une fraise dans votre sauce pour neutraliser l'acidité des tomates.*

Sucré

POUR 6 PERSONNES

PRÉPARATION : 30 MIN • CUISSON : 1 H • REPOS : 2 À 3 H AU FRAIS

Pumpkin cake aux noix

- 400 g de potimarron ou de potiron
- 120 g de sucre roux en poudre
- 2 gros œufs
- 120 g de farine
- 1/2 sachet de levure chimique
- 50 g de cerneaux de noix
- 1 cuil. à soupe rase de quatre-épices en poudre
- 3 clous de girofle
- 10 cl d'huile de maïs ou d'arachide
- 1/4 cuil. à café de sel
- Sucre glace

On connaissait le carrot cake, l'une des plus brillantes spécialités américaines, voici la recette du pumpkin cake, autrement dit le gâteau moelleux au potiron et aux épices. Le potiron (ou plutôt potimarron, moins aqueux et plus sucré que son grand cousin) donne à ce gâteau une agréable légèreté et de bienheureuses qualités nutritives. Quand les desserts nous font du bien, on ne va pas se priver !

1 Préchauffez le four à 160 °C (th. 5-6). Pelez et râpez le potimarron. Mélangez la farine, les épices (écrasez les clous de girofle au mortier), le sel et la levure. Casser les œufs, séparez les blancs des jaunes et réservez.

2 Dans un grand saladier, fouettez ensemble l'huile et le sucre. Ajoutez les jaunes d'œufs un à un puis la farine mélangée aux épices, le potimarron râpé et les cerneaux de noix. Mélangez bien.

3 Montez les blancs en neige et incorporez-les à la préparation en la soulevant délicatement à l'aide d'une spatule. Beurrez et sucrez un moule à savarin ou à manqué. Versez-y la préparation.

4 Enfournez et faites cuire 1 heure. Laisser refroidir le gâteau, démoulez-le et placez-le au réfrigérateur 2 à 3 heures au minimum. Avant de servir, saupoudrez de sucre glace.

POUR 6 À 8 PERSONNES

PRÉPARATION : 15 MIN • CUISSON : 20 À 25 MIN

- 2 rouleaux de pâte feuilletée prête à dérouler
- 130 g de sucre en poudre
- 1 sachet de sucre vanillé
- 130 g de beurre
- 130 g de poudre d'amandes
- 3 œufs
- 1 cuil. à soupe de rhum
- 1 pincée de sel

Une galette pour mon roi

La galette des rois, un truc de pâtissier ? Pas si sûr, surtout si vous acceptez de vous simplifier la vie en suivant ma méthode : pour mon roi, j'étale une frangipane maison (trop facile à faire soi-même pour que je vous conseille l'option industrielle), entre deux disques de pâte feuilletée prête à dérouler, je décore au couteau et je fais dorer. Et la fève ? C'est ma bague, comme Peau d'âne.

1 Sortez le beurre du réfrigérateur 1 heure à l'avance. Préchauffez le four à 180 °C (th. 6) après avoir retiré la plaque. Dans un saladier, mélangez 2 œufs, les sucres, le sel et le beurre ramolli.

2 Travaillez le tout à la fourchette jusqu'à l'obtention d'une sorte de pommade. Ajoutez le rhum et la poudre d'amandes. Mélangez intimement.

3 Déposez un premier disque de pâte feuilletée et son papier de cuisson sur la plaque du four. Etalez-y la préparation aux amandes jusqu'à 1 cm du bord. Déposez la fève. Badigeonnez le bord apparent du disque avec la moitié du dernier œuf battu.

4 Apposez le deuxième disque de pâte sur le premier. Appuyez sur les bords pour les souder et crantez-les avec la pointe d'un couteau.

5 Tracez des losanges sur le dessus de la galette et faites 4 ou 5 trous à l'aide d'une pointe fine. Battez l'œuf restant et badigeonnez-en la galette. Placez la plaque au four et faites cuire 20 à 25 minutes, jusqu'à ce qu'elle soit bien dorée.

POUR 4 PERSONNES

PRÉPARATION : 15 MIN • CUISSON : 3 MIN • REPOS : 4 H MINIMUM

Tarte au chocolat et aux cookies de Marco

Pour la pâte

- 300 g de cookies nougatine
- 100 g de beurre
- 1 cuil. à soupe de sucre roux

Pour la crème

- 200 g de chocolat noir au praliné
- 100 g de chocolat noir à 70 % de cacao minimum
- 20 cl de crème liquide

C'est avec les fonds de placards que l'on prépare les meilleures tartes. Ce dessert, bricolé pour éviter de jeter 1 boîte de cookies ramollos, est devenu l'un de mes plus grands hits. Mon cousin Marc, pourtant très fin cuisinier, en a d'ailleurs fait sa spécialité. Je pense qu'après des mois de pratique, il maîtrise même mieux l'exercice que moi. Son truc en plus ? Parsemer le dessus de la tarte de brisures de cookies. Et vous, ce sera quoi votre truc ?

1 Faites fondre le beurre, ajoutez le sucre et remuez jusqu'à le dissoudre complètement. Emiettez les biscuits à la main ou passez-les au mixeur, sans chercher à obtenir une poudre trop fine.

2 Placez cette poudre dans un saladier, ajoutez le beurre fondu. Mélangez jusqu'à obtenir une pâte. Tapissez-en un moule à tarte à fond amovible en remontant le long des parois. Entreposez au congélateur 1 heure au moins (vous pouvez surgeler le fond de tarte plusieurs jours à l'avance).

3 Faites chauffer la crème. Dès qu'elle bout, jetez-y les morceaux de chocolat. Remuez et retirez du feu. Versez sur le fond de tarte. Laissez refroidir.

4 Couvrez de film alimentaire et réfrigérez 3 heures au moins avant de servir.

POUR 6 PERSONNES

PRÉPARATION : 20 MIN • REPOS : 6 H MINIMUM AU FRAIS

- 25 cl de crème fraîche épaisse
- 3 œufs
- 25 g de sucre en poudre
- 25 g de sucre glace
- 100 g de meringues
- 120 g de fruits rouges
- 20 cl de coulis de fruits rouges

Vacherin de belle-maman

Le dessert idéal pour minimiser les risques lorsqu'on a eu la bonne idée de vouloir préparer tout seul le dîner du réveillon ou que l'on s'est mis en tête d'inviter son patron. Une sorte de coup de bluff à peu de frais dont la recette m'a été confiée par ma belle-maman, Brigitte. Qui a dit que les belles-mères cherchaient à nous compliquer la vie ?

1 Séparez les jaunes des blancs d'œufs. Mélangez les jaunes avec la crème, ajoutez le sucre en poudre. Montez les blancs en neige avec le sucre glace jusqu'à ce qu'ils soient bien fermes. Mélangez les 2 préparations.

2 Dans un joli plat rond et profond de 25 cm de diamètre environ, versez la moitié de la préparation, ajoutez 50 g de meringues émiettées puis le reste de la mousse. Placez au congélateur pendant 4 heures minimum.

3 2 heures avant de servir, mettez le vacherin au réfrigérateur.

4 Au dernier moment, répartissez le reste de meringue émiettée sur le dessus du vacherin. Arrosez de coulis et décorez avec les fruits rouges.

conseil

Vous pouvez aussi présenter le vacherin en portions individuelles : répartissez la moitié de la préparation dans 6 petits ramequins à bords hauts puis la moitié de la meringue émiettée et recouvrez du reste de la mousse.

POUR 4 PERSONNES

PRÉPARATION : 5 MIN • CUISSON : 1 H 20 MIN ENVIRON

- 120 g de riz arborio (ou riz rond)
- 40 cl de lait entier
- 1 bâton de cannelle
- 1 zeste d'orange
- 2 sachets de sucre vanillé
- 50 g de sucre roux en poudre

Riz au lait au four

Le riz au lait fait partie de ces desserts délicieusement régressifs que l'on rechigne à préparer tant ils paraissent fastidieux et délicats. Pourtant, comme souvent en matière de pâtisserie, il suffit de connaître les petits trucs qui assurent une réussite à coup sûr. En l'occurrence : l'usage de riz rond, un rinçage scrupuleux, une première et brève cuisson à l'eau, puis un long passage à four doux pour obtenir la croûte, gage de votre succès.

1 Préchauffez le four à 150 °C (th. 5). Rincez le riz sous l'eau froide, versez-le dans une cocotte à fond épais. Couvrez d'eau froide et portez doucement à ébullition. Laissez cuire à petits bouillons pendant 3 minutes, puis égouttez le riz. Réservez.

2 Versez le lait dans la cocotte, ajoutez le bâton de cannelle et le zeste d'orange. Incorporez les sucres, remuez et portez à ébullition. Coupez le feu, couvrez et laissez infuser pendant 10 minutes.

3 Versez le riz dans la cocotte puis placez-la au four sans couvrir. Laissez cuire 1 heure sans remuer.

conseil

Pour lui donner un coup de fraîcheur et de légèreté, j'aime bien servir mon riz au lait accompagné de crème fouettée. Par gourmandise, il m'arrive aussi de l'arroser de caramel...

POUR 4 PERSONNES PRÉPARATION : 10 MIN • CUISSON : 45 MIN

Gâteau aux fruits rouges du matin

- 250 g de framboises ou de fruits rouges mélangés
- 125 g de farine complète
- 75 g de flocons d'avoine
- 100 g de beurre
- 1 petit œuf
- 50 g de sucre roux en poudre
- 1 cuil. à café de cannelle en poudre
- 1/4 cuil. à café de sel

Un gâteau énergétique plutôt adapté aux brunchs, goûters et petits déjeuners. Le mélange de flocons d'avoine et de farine complète lui donne un petit goût de noisette et le rend délicatement friable. Les framboises l'allègent et le parfument en répandant leur jus dans la pâte. C'est un peu la version maison (et améliorée s'il vous plaît) de la barre de céréales.
N'hésitez pas à ajouter des épices à l'envi : vanille, gingembre, muscade, quatre-épices...

1 Préchauffez le four à 180 °C (th. 6). Mélangez la farine, le sucre, l'avoine et la cannelle. Incorporez le beurre fondu, puis l'œuf battu. Remuez jusqu'à l'obtention d'une pâte sableuse.

2 Huilez un moule à manqué de 30 cm de diamètre environ et étalez-y la moitié de la préparation. Répartissez les fruits sur toute la surface du moule et recouvrez-les avec le reste de pâte. Etalez bien et lissez en tassant avec la main, sans trop appuyer pour que le gâteau ne soit pas trop compact.

3 Enfournez et laissez cuire 45 minutes. Servez tiède avec une crème anglaise à la vanille ou aux épices.

astuce

Vous pouvez remplacer les fruits rouges par d'autres fruits coupés en dés ou par 200 g de fruits secs (figues, pruneaux, abricots) gonflés dans du thé chaud.

POUR 6 MUFFINS

PRÉPARATION : 10 MIN • CUISSON : 28 MIN

- 1,5 banane bien mûre
- 100 g de farine complète
- 40 g de beurre 1/2 sel
- 2 œufs
- 90 g de sucre roux en poudre
- 20 g de cerneaux de noix
- 1/2 sachet de levure chimique
- 1 cuil. à café de vanille liquide
- 1 pincée de cannelle en poudre
- Le jus d'1/2 citron

Muffins aux bananes et aux noix

Connaissez-vous les muffins ? C'est une gourmandise anglo-saxonne, interprétée différemment par les Anglais et les Américains. Pour les premiers, c'est un petit pain blanc plat, légèrement sucré, à tartiner de marmelade ou de miel. Les Américains, en revanche, en ont fait un cake individuel très léger, style quatre quarts, souvent enrichi de fruits frais. C'est à celui-là que va ma préférence, je le parfume au gré de mes humeurs et des saisons, à la myrtille, aux courgettes ou... à la banane !

1 Préchauffez le four à 200 °C (th. 6-7). Faites fondre le beurre dans un bol au micro-ondes ou dans une petite casserole.

2 Dans un saladier, écrasez la banane et demie à l'aide d'une fourchette et mangez la demie banane restante. Ajoutez le beurre fondu, la vanille, les œufs et le jus de citron. Mélangez bien.

3 Dans un petit saladier, versez la farine, le sucre, la cannelle, la levure et les noix concassées. Incorporez délicatement le tout à la première préparation et mélangez.

4 Beurrez et farinez des ramequins (ou des moules à muffins), remplissez-les de pâte aux trois quarts.

5 Enfournez et laissez cuire 8 minutes à 200 °C. Baissez le four à 150 °C (th. 5) et laissez cuire encore 20 minutes.

conseil

Si vous ne les mangez pas tout de suite, réchauffez les muffins 30 secondes au micro-ondes avant de les déguster.

variante

Remplacez les noix par des amandes ou du pavot et la farine complète par de la farine blanche.

POUR 4 PERSONNES

PRÉPARATION : 10 MIN • REPOS : 2 H AU MOINS AU FRAIS

- 20 cl de café serré
- 4 feuilles de gélatine
- 2 cuil. à soupe rases de vergeoise
- 1 cuil. à soupe de rhum ambré
- 50 g de chocolat amer à 80 % de cacao aux éclats de fèves
- Crème chantilly (maison ou en bombe)

Gelée de café aux éclats de fèves

Lorsque l'on reçoit, j'ai toujours estimé que les règles de savoir-vivre devaient être poussées jusqu'au choix des recettes. Mais encore faut-il que celles-ci soient le reflet de l'époque. Aujourd'hui, servir une cuisine savoureuse n'est pas tout. L'idéal est qu'elle soit également légère pour que le plaisir procuré ne le soit pas au détriment de la ligne et du bien-être des invités. Leur faire du bien sans qu'ils aient à le demander, voire même sans qu'ils ne s'en aperçoivent, quel meilleur témoignage de politesse ? Cette recette en est un bon exemple car elle est si sapide et inattendue que personne ne devinera qu'elle pourrait entrer dans le plus strict des régimes. Les plus extrêmes pourront même remplacer le sucre par de l'édulcorant et la chantilly maison par une version allégée en bombe (ça existe et ça n'est pas mal du tout).

1 Faites ramollir la gélatine dans un bol d'eau froide. Préparez le café ou faites réchauffer un fond de café bien serré. Faites fondre la gélatine et le sucre dans le café chaud. Mélangez.

2 Quand ils sont totalement dissolus, ajoutez le rhum. Répartissez la préparation dans des tasses ou des petits verres à alcool. Mettez au frais 2 heures au moins.

3 Sortez les gelées du réfrigérateur, couvrez-les de chantilly. A l'aide d'un couteau économe, découpez des copeaux de chocolat et parsemez-les sur les gelées. Servez immédiatement.

conseils

• Ne soyez pas tenté de mettre vos récipients au congélateur pour accélérer la prise de la gelée, elle serait toute craquelée.
• Si vous craignez l'insomnie, n'hésitez pas à utiliser un bon café décaféiné, bien serré.

POUR 6 PERSONNES

PRÉPARATION : 15 MIN • CUISSON : 30 MIN • REPOS : 5 MIN

- 3 à 4 bananes pas trop mûres (selon la taille du moule)
- 1 rouleau de pâte brisée prête à dérouler
- 120 g de sucre en poudre
- 40 g de gingembre confit
- 1 cuil. à café de cannelle en poudre
- 5 cl d'eau

Tatin de bananes au gingembre

Rien à faire, je ne peux m'en tenir aux classiques ! Dès que je maîtrise à peu près une recette, me voilà partie sur les sentiers de la digression. Avec la tarte tatin, par exemple : ananas, endives, ou bananes, la formule des dames Tatin supporte volontiers d'être bousculée. Aux bananes, c'est ma version favorite et, pour y apporter une petite touche personnelle, j'ajoute quelques dés de gingembre confit à la tarte. La première fois que je l'ai fait, je ne l'ai pas dit aux enfants et depuis, ils me supplient de ne pas oublier le « zinzembe ».

1 Préchauffez le four à 200 °C (th. 6-7). Coupez le gingembre en petits dés. Pelez les bananes et coupez-les en deux dans le sens de la longueur.

2 Préparez le caramel : versez le sucre, la cannelle et 5 cl d'eau dans une petite casserole. Portez à ébullition sans remuer et laissez caraméliser.

3 Dès que le caramel blondit, versez-le dans un moule à manqué en le faisant tourner rapidement pour que tout le fond du moule soit recouvert. Déposez les bananes côté plat vers le moule. Serrez-les bien pour qu'elles se tiennent à la cuisson. Saupoudrez de gingembre, recouvrez de pâte et enfournez.

4 Laissez cuire 30 minutes. Retirez du four, laissez reposer 5 minutes et démoulez. Servez tiède ou froid.

conseil

On pourrait retirer le gingembre mais profitez-en pour initier vos enfants à distinguer les saveurs et à s'habituer à de nouveaux arômes : c'est l'apprentissage du goût.

POUR 6 PERSONNES PRÉPARATION : 15 MIN • CUISSON : 50 MIN

Gâteau à la rhubarbe

- 500 g de tiges de rhubarbe fraîche ou 400 g de rhubarbe surgelée
- 200 g de beurre (ramolli)
- 400 g de farine
- 300 g de sucre en poudre
- 4 œufs

La rhubarbe est l'aliment de tous les paradoxes. Imaginez un fruit, appelé légume par les botanistes, proche cousin de l'oseille (bien que ses feuilles ne soient pas consommables) et qui ne supporte pas d'être mangé cru. La belle affaire, et qu'est ce qu'on fait avec ce truc-là ? Nous, pas grand chose, les Anglo-saxons, en revanche, ont parfaitement su exploiter ses trésors gustatifs : confitures, chutney, compote, tarte, soufflé, sans compter la version salé, avec des viandes grasses notamment, auxquelles elle apporte une acidité bienvenue... ils ont mis la rhubarbe dans tous ses états. C'est dans un livre canadien que j'ai volé cette recette, à laquelle j'ai retiré un peu de sucre et de beurre. Peut-être est-ce là le secret du « French paradox » ?

1 Préchauffez le four à 180 °C (th. 6). Ecrasez ensemble le beurre et la moitié du sucre jusqu'à former une pâte souple. Ajoutez les œufs un par un et la farine, en mélangeant rapidement avec une spatule.

2 Lavez et séchez la rhubarbe, retirez les feuilles et coupez les tiges en morceaux de 2 cm de long. Mélangez-les avec le reste de sucre.

3 Beurrez un moule (en terre ou de style rustique), étalez-y la pâte. Répartissez les morceaux de rhubarbe sur la pâte, en appuyant légèrement. Enfournez et faites cuire 50 minutes.

conseil

Couvrez d'une feuille de papier aluminium en cours de cuisson si le dessus du gâteau commence à brunir.

POUR 6 PERSONNES

MACÉRATION : 2 H • PRÉPARATION : 15 MIN • CUISSON : 50 MIN

- 150 g de farine
- 1 petite boîte de poires au sirop ou 3 moitiés de poires au sirop
- 3 cuil. à soupe de sirop d'érable
- 130 g de vergeoise
- 3 œufs
- 80 g de raisins secs
- 2 cuil. à soupe de rhum
- 80 g de cerneaux de noix
- 1/2 sachet de levure chimique
- 1 cuil. à café de cannelle en poudre

Gâteau aux poires et aux fruits secs

Parfois, on a juste envie d'un bon dessert tout bête, genre gâteau de grand-mère, que l'on peut grignoter du petit déjeuner au dîner. Pour être sûre de ne jamais tomber en panne, je le prépare le vendredi pour en avoir sous la main tout le week-end. Sans compter que, ce dimanche, je m'apprête à recevoir mes copains pour un brunch, et un brunch sans mon célèbre gâteau aux poires n'est pas digne de ce nom.

1 Mélangez les raisins et le rhum dans un bol. Laissez gonfler 2 heures à température ambiante ou placez 1 minute au micro-ondes. Préchauffez le four à 170 °C (th. 5-6).

2 Battez ensemble la farine tamisée, la levure, la cannelle, le sirop d'érable, la vergeoise et les œufs jusqu'à ce que le mélange soit homogène.

3 Ecrasez les poires en purée, incorporez-les à la préparation. Ajoutez les noix et les raisins avec leur rhum. Mélangez bien et versez dans un moule à savarin beurré. Mettez au four et laissez cuire 50 minutes. Laissez refroidir avant de démouler.

conseil

Pour éviter que les fruits secs ne tombent dans le fond du moule pendant la cuisson, farinez-les légèrement et incorporez-les au dernier moment. Utilisez plutôt des raisins de Corinthe (les noirs) qui sont plus parfumés que les Smyrne blonds.

POUR 6 PERSONNES PRÉPARATION : 30 MIN • REPOS : 3 H MINIMUM AU FRAIS

- 200 g de boudoirs
- 500 g de mascarpone
- 5 gros œufs extra frais
- 4 cuil. à soupe de cacao amer en poudre
- 6 cuil. à soupe de sucre glace
- 1 cuil. à café de cannelle en poudre
- 20 cl de café très fort
- 2 cuil. à soupe d'amaretto ou de cognac

Tiramisu blanc et noir

Le tiramisu est l'un des dessert italiens les plus connus dans le monde. Face à ce constat, deux options s'imposent à la cuisinière tentée par l'exercice. Soit faire profil bas devant une telle unanimité et tenter modestement de reproduire une recette de mamma, piquée dans un livre antédiluvien. Soit avoir la ridicule illusion d'apporter un petit plus à la formule consacrée. Devinez de quel côté je me range ? Voilà pourquoi mon tiramisu est noir et blanc, enrichi de cacao et de cannelle.

1 Versez le café dans un bol, ajoutez l'alcool. Trempez 50 g de boudoirs dans le café et tapissez-en le fond d'un moule carré ou rectangulaire à bords hauts.

2 Cassez les œufs, séparez les blancs des jaunes, réservez les blancs. Fouettez les jaunes avec 5 cuillerées à soupe de sucre jusqu'à ce que le mélange blanchisse et incorporez le mascarpone.

3 Montez les blancs en neige et ajoutez-les à la préparation. Séparez la crème obtenue dans deux bols et incorporez 2 cuillerées à soupe de cacao dans l'un d'eux.

4 Versez la crème au chocolat dans le moule, disposez une autre couche de biscuits trempés dans le café, puis recouvrez avec le reste de crème. Saupoudrez quelques biscuits écrasés sur le dessus.

5 Mélangez le reste de sucre glace et la cannelle. Déposez une feuille ou une spatule en travers du plat, saupoudrez le reste de cacao d'un côté du tiramisu, le sucre glace à la cannelle de l'autre pour un effet « noir et blanc ».

6 Couvrez et placez au frais 3 heures avant d'y plonger délicatement une grosse cuillère !

POUR 8 PERSONNES

PRÉPARATION : 15 MIN • CUISSON : 1 H 30 ENVIRON

- 4 gros œufs
- Le poids des œufs en vergeoise, chocolat noir amer (à 70 % de cacao) et beurre, soit environ 260 g de chaque
- La moitié du poids des œufs en farine et en noix, soit environ 130 g de chaque
- 1 pincée de sel

Brownies à ma façon

Les Américains nous offrent peu de spécialités culinaires. Avouons-le, hamburgers et fried chicken ne méritent pas vraiment de figurer sur le podium des spécialités gastronomiques mondiales. Néanmoins, ils excellent en matière de desserts, dans le registre du moelleux, du fondant, du gé-né-reux. Cheese cake, cookies et muffins sont désormais célèbres à travers le monde. Le brownie est en passe de devenir LE gâteau au chocolat universel, le genre de recette qui vous assure une infaillible popularité auprès de toutes les générations. Oui, mais vous pensez que pour atteindre un tel niveau de gourmandise, ce dessert doit exiger un doigté et une expérience hors du commun. Que nenni ! Suffit d'en connaître le truc, la ruse, le secret. Allez, je vous donne le mien, mais que cela reste entre nous : je prépare mon gâteau, je le mets au four... et je m'en vais ! Ah ! les femmes en cuisine, ça n'est plus ce que c'était.

1 Préchauffez le four à 240 °C (th. 8). Beurrez un moule carré de 25 cm de côté et entreposez-le au frais. Pesez les œufs et comptez le même poids en vergeoise, en beurre et en chocolat. Comptez la moitié du poids en farine et noix.

2 Cassez le chocolat en morceaux et faites-le fondre au bain-marie. Quand il est bien fondu, ajoutez le beurre coupé en morceaux et laissez fondre. Fouettez les œufs avec le sucre, ajoutez le sel, la farine et les noix. Incorporez enfin le chocolat et mélangez bien. Versez dans le moule.

3 Enfournez le moule (posez-le sur la plaque brûlante) et éteignez le four. Laissez cuire sans ouvrir la porte du four jusqu'à ce qu'il soit froid, comptez 1 heure à 1 heure 30 minutes. Découpez le brownie dans le moule et servez.

conseil

Pour casser le chocolat sans en mettre partout, je le laisse dans son emballage et je frappe énergiquement la tablette sur mon plan de travail jusqu'à ce que je sente qu'elle est cassée en mille éclats. Je n'ai plus qu'à ouvrir et à verser les morceaux dans ma casserole. Pas une miette n'est perdue !

POUR 8 PERSONNES

PRÉPARATION : 15 MIN • CUISSON : 45 MIN • REPOS : 24 H AU FRAIS

- 1 boîte de 500 g de crème de marrons
- 125 g de beurre
- 1 cuil. à soupe d'armagnac
- 4 œufs
- 2 cuil. à soupe de poudre d'amandes (ou de farine)

Pour la sauce

- 250 g de sucre
- 20 cl de cidre
- 50 cl de crème fraîche

Fondant aux marrons et caramel de cidre

Le moelleux au chocolat est un classique qui supporte de multiples adaptations. Pour varier les plaisirs, j'ai remplacé le chocolat et le sucre par de la crème de marrons. L'odeur est tellement alléchante que je vous pardonnerai de l'attaquer dès sa sortie du four mais, entre nous, il est plus digeste servi bien frais, le lendemain si possible, d'autant que cela accentue le contraste de température avec le caramel de cidre.

1 Préchauffez le four à 180 °C (th. 6). Faites fondre le beurre dans un bol au micro-ondes ou dans une petite casserole. Cassez les œufs et séparez les blancs des jaunes.

2 Dans un grand saladier, mélangez le beurre fondu et la crème de marrons. Ajoutez les jaunes d'œufs, l'armagnac et la poudre d'amandes. Remuez avec une cuillère en bois ou une spatule pour obtenir une préparation lisse.

3 Montez les blancs en neige avec 1 pincée de sel. Incorporez-les à la préparation en mélangeant avec précaution pour ne pas les casser. Beurrez un moule rond de 25 cm de diamètre environ et versez-y la préparation. Enfournez et laissez cuire 45 minutes.

4 Pendant ce temps, préparez la sauce caramel. Dans une petite casserole, versez le cidre et le sucre. Portez à ébullition à feu vif et laissez cuire sans remuer jusqu'à obtention d'un caramel blond (10 à 15 minutes). Retirez du feu et versez doucement la crème (attention aux éclats de caramel !). Pour que le caramel épaississe, faites cuire à feu doux pendant 10 minutes environ en mélangeant.

5 Retirez le gâteau du four et laissez-le refroidir. Placez-le au frais pendant 24 heures. Avant de servir, faites réchauffer la sauce pendant quelques minutes et servez-la à part.

Salé

POUR 6 PERSONNES

PRÉPARATION : 10 MIN • CUISSON : 4 H • REPOS : 1 NUIT

Le bourguignon de Romain

- 1,2 kg de bœuf (paleron ou noix de joue de bœuf)
- 1 cuil. à soupe de farine
- 1 bonne poignée de tomates séchées
- 1 bonne poignée de cèpes secs (ou autres champignons séchés)
- 2 gros champignons de Paris
- 1 oignon
- 80 g de lardons fumés
- 2 l de vin de Bourgogne corsé
- 3 feuilles de laurier
- 3 brins de thym
- 4 clous de girofle
- 1 pincée de muscade
- 4 cuil. à soupe d'huile d'olive
- Sel et poivre

Je tiens cette recette de mon frère Romain, dont on peut dire qu'il se situe aux confins de la perfection en matière de bourguignon. Puisque je vous dis tout, Romain, lui, démarre la cuisson de son plat 3 jours à l'avance et prévoit de le mijoter environ 2 à 3 heures tous les jours. A l'arrivée, il sert à la famille admirative une sorte de compote de bœuf aussi délicieuse qu'informe. J'ai préféré vous proposer la version « courte », pour cuisiniers pressés, prête en 4 heures...

1 Emincez l'oignon et les champignons de Paris. Coupez la viande en morceaux et passez-les dans la farine. Faites chauffer l'huile d'olive dans une grande cocotte et faites-y revenir les morceaux de viande pendant 10 minutes. Réservez.

2 Mettez l'oignon dans la cocotte, ajoutez les lardons, les champignons de Paris, les épices et les herbes. Laissez revenir 2 à 3 minutes.

3 Ajoutez la viande, les champignons séchés et les tomates, salez et poivrez modérément. Retirez l'excédent de matière grasse. Versez le vin jusqu'à ce que les morceaux soient presque entièrement recouverts. Portez à ébullition. Couvrez et laissez cuire 2 heures 30 à frémissements. Retirez le couvercle puis laissez cuire 30 minutes supplémentaires pour que la sauce épaississe.

4 Laissez refroidir et conservez au frais une nuit. Le lendemain, réchauffez à feu doux pendant 30 minutes à 1 heure avant de servir.

conseil

Fariner la viande avant de la cuire permet de la sécher, de la faire dorer plus facilement et d'épaissir la sauce.

astuces

Le B.A.-Ba des cuissons braisées :

- *La taille de la cocotte est très importante : il faut que les morceaux de viande s'y logent sans laisser de vide.*
- *Procédez à une cuisson douce, longue et progressive dans une cocotte à fond épais et à couvercle lourd, pour un meilleur attendrissement des fibres et une concentration des sucs. Les vapeurs qui se dégagent refroidissent et se condensent avant de retomber sur l'aliment pour l'arroser en permanence.*
- *Assaisonnez très modérément car la sauce se corse en cuisant.*

POUR 6 PERSONNES

PRÉPARATION : 15 MIN • CUISSON : 1 H 30

Réussir le parfait tajine

- 1 poulet fermier
- 2 oignons
- 2 gousses d'ail
- 20 olives vertes ou roses
- 3 quartiers de citrons confits au sel
- 1/2 bouquet de coriandre fraîche
- 1 pincée de pistils de safran
- 1 cuil. à soupe de raz el hanout (mélange d'épices marocain) ou un mélange des épices que vous avez sous la main : cannelle, gingembre, coriandre, cumin…
- 1/2 cube de bouillon de poulet (ou 30 cl de bouillon de volaille maison)
- 3 cuil. à soupe d'huile d'olive
- Sel et poivre

Le tajine est l'une des spécialités marocaines les plus célèbres. Elle doit son nom à la « tanjia », la jarre en terre dans laquelle on la faisait cuire autrefois. A l'origine, on préparait la tanjia le matin, avant d'aller travailler, on y jetait pêle-mêle tous les ingrédients : viande, condiments, huiles, épices, on la secouait pour mélanger et on la fermait avec du papier et de la ficelle. Il n'y avait plus qu'à la porter au hammam (le four du village) pour l'y enfouir dans les cendres chaudes jusqu'au soir. C'était un plat fait par et pour les hommes qui, au Maroc, prennent la cuisine très au sérieux.

1 Pelez et émincez les oignons et l'ail. Mettez-les dans une cocotte avec les herbes, le safran, le raz el hanout et un peu de sel et de poivre. Coupez le poulet en 8 morceaux et mettez-le dans la cocotte. Diluez le 1/2 cube de bouillon de poulet dans 30 cl d'eau et versez-le sur le poulet. Ajoutez l'huile, mélangez et versez de l'eau jusqu'à mi-hauteur. Couvrez et laissez frémir 45 minutes à feu très doux. Mélangez régulièrement, salez et poivrez à nouveau à mi-cuisson.

2 Préchauffez le four à 200 °C (th. 6-7). Quand ils sont bien cuits, disposez les morceaux de poulet sur le plat à tajine, ajoutez les morceaux de citron confits (côté peau au-dessus) et les olives, mettez le couvercle. Remplissez le plat d'eau par l'orifice du sommet, pour en humidifier les parois, enfourner et laissez mijoter 40 minutes. Gardez le jus de cuisson et faites-le réduire dans une casserole. Servez le tajine brûlant, arrosé du jus réduit, avec une semoule parfumée à la cannelle et saupoudrée de sucre glace.

astuces

- *Si vous avez le temps, n'hésitez pas à faire mijoter votre tajine plus longtemps, la viande n'en sera que plus fondante.*
- *Vous pouvez remplacer les citrons confits par des dattes ou des raisins secs et le safran par de la cannelle ou du gingembre en poudre.*

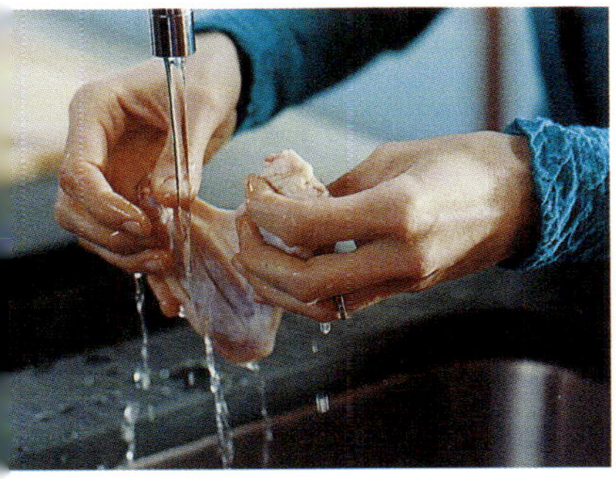

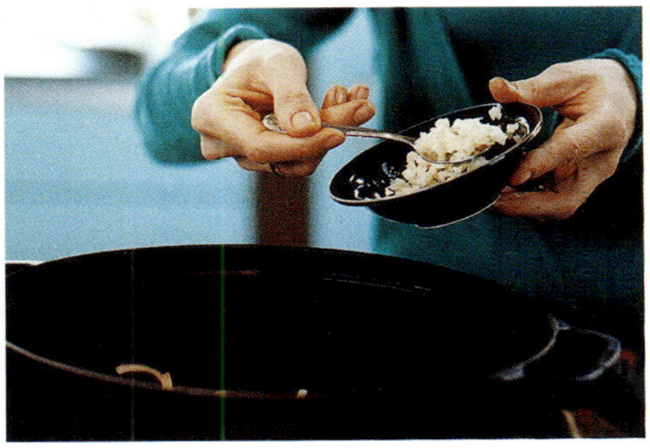

POUR 6 PERSONNES PRÉPARATION : 30 MIN • CUISSON : 4 H

- 1 gigot raccourci (1,5 à 2 kg)
- 2 kg de pommes de terre à chair ferme (du type charlotte)
- 1 tête d'ail
- 100 g de beurre
- 1 cube de bouillon de bœuf ou de poulet
- 2 branches de thym
- 2 ou 3 feuilles de laurier
- Noix de muscade râpée
- Sel et poivre

Gigot à la cuillère

Même ma grand-mère n'aurait pas osé cuisiner ce plat tellement il est roboratif, rustique et « diablement terroir » (à prononcer avec une patate chaude dans la bouche). Mais moi, en bonne Parisienne que je suis, j'adore m'accorder cet exotisme. Quand j'invite à dîner des amis que j'ai vraiment envie de voir revenir à la maison, je leur fais mon confit de gigot aux pommes de terre et là, je suis sûre qu'ils ne refuseront plus jamais une invitation. Cela s'appelle la tactique de l'appât alimentaire. La carotte en quelque sorte. Mais dans ma recette y'a pas de carottes, y'a que du gigot, de l'ail et des pommes de terre !

1 Préchauffez le four à 200 °C (th. 6-7). Sortez le gigot du réfrigérateur.

2 Pelez et découpez les pommes de terre en tranches de 5 mm d'épaisseur environ (utilisez une mandoline ou une râpe électrique).

3 Disposez un lit de rondelles de pommes de terre dans une grande cocotte beurrée. Emiettez le cube de bouillon et mettez-en la moitié dans la cocotte, ajoutez quelques gousses d'ail en chemise et déposez le gigot au centre.

4 Salez et poivrez le gigot, disposez dessus quelques morceaux de beurre, ajoutez le reste du cube émietté, les herbes, un peu de noix de muscade et recouvrez entièrement de pommes de terre. Mettez les dernières gousses d'ail et dispersez le reste de beurre en noisettes sur le dessus.

5 Couvrez et enfournez. Laissez cuire 4 heures et retirez le couvercle 1 heure avant la fin de la cuisson.

conseil

L'avantage c'est que l'on peut préparer ce plat à l'avance et le réchauffer 30 minutes avant de le servir, à four doux pour ne pas agresser la viande.

POUR 4 PERSONNES

PRÉPARATION : 10 MIN • MARINADE : 12 H

- 200 g de pavés de saumon fumé entiers
- 200 g d'oignons
- 200 g de carottes
- 1 cuil. à soupe de grains de poivre blanc
- 1 cuil. à café de grains de coriandre
- 1/2 citron non traité
- 2 cuil. à café de thym
- 60 cl d'huile de pépins de raisins
- 10 cl de vin blanc
- Fleur de sel

Saumon à l'huile comme un hareng saur

Le hareng mariné au vin blanc, appelé hareng saur (qui signifie acide), m'a inspiré cette version plus consensuelle, préparée avec des pavés de saumon fumé. Vous pouvez commander celui-ci à votre poissonnier, ou, comme moi, utiliser du saumon surgelé, un des incontournables de mon congélateur.

1 Grattez les carottes et pelez les oignons. Emincez-les finement.

2 Piquez la chair du saumon de quelques coups de fourchette.

3 Placez les filets dans un plat creux, ajoutez les carottes, les oignons, les grains de coriandre et de poivre, le thym et le citron émincé en très fines tranches. Arrosez avec l'huile et le vin, couvrez et laissez mariner 12 heures au réfrigérateur.

4 Au moment de passer à table, égouttez les aromates et le saumon. Coupez les pavés en deux, salez les aromates et placez le tout dans un plat.

5 Accompagnez de pommes de terre cuites à l'eau et de toasts de pain de campagne.

conseil

Vous pouvez également utiliser des pavés de saumon frais après les avoir « cuits » légèrement en les couvrant de gros sel pendant 2 heures.

POUR 4 PERSONNES

PRÉPARATION : 25 MIN • CUISSON : 10 MIN • REPOS : 4 H MINIMUM

Escabèche de calmars au basilic de Yannick Alléno

- 24 petits calmars
- 2 tomates
- 1 botte d'oignons blancs (4 à 5 pièces)
- 1 brin de basilic
- 4 gousses d'ail blanc
- 1 cuil. à soupe de raisins de Corinthe
- 1 pointe de couteau de gingembre frais
- Le jus d'1/2 citron vert
- 1 cuil. à café de graines de fenouil
- 1/2 verre de vin blanc
- 1/2 verre de fond blanc (ou 1/2 cube de bouillon de volaille)
- 2 cuil. d'huile d'olive

Yannick Alléno est le chef de l'un des plus prestigieux palaces parisiens, le Meurice. Ils en ont de la chance, les Meuriciens, de l'avoir sous la main car, selon moi, c'est assurément l'un des plus doués de sa génération. Le talent résidant aussi dans la simplicité, il a accepté de venir dans ma cuisine m'enseigner les secrets d'une recette que je rêvais de maîtriser : l'escabèche de calmars. Il paraît que c'est meilleur le lendemain mais moi, j'ai pas su résister et je peux vous le dire : brûlant, c'est délicieux aussi. Merci Yannick.

1 Faites gonfler les raisins dans un peu d'eau tiède pendant 10 minutes ou passez-les 1 minute au micro-ondes.

2 Commencez par nettoyer les calmars. Pour cela, retirez la peau et détachez la tête du corps. Videz-les et rincez-les sous un filet d'eau claire. Séchez-les sur une feuille de papier absorbant.

3 Dans une cocotte, faites chauffer l'huile d'olive. Ajoutez les calmars et faites-les revenir à feu vif pendant 1 minute. Egouttez-les puis réservez-les.

4 Versez les oignons blancs dans la cocotte, laissez cuire 5 minutes. Déglacez avec le vin blanc.

5 Ajoutez le fond blanc de volaille (ou le cube de bouillon de volaille dilué dans 12,5 cl d'eau), les gousses d'ail entières, le gingembre haché, les graines de fenouil, les raisins égouttés puis les tomates mondées et épépinées taillées en dés. Laissez réduire encore 5 minutes.

6 Incorporez les calmars, le basilic ciselé et le jus de citron. Remuez et coupez le feu. Laissez refroidir puis entreposez quelques heures au réfrigérateur (idéalement une nuit). Servez bien frais.

conseil

Rallongez les temps de cuisson si vous avez de gros calmars ou des gousses d'ail sèches.

POUR 4 PERSONNES

PRÉPARATION : 10 MIN • MARINADE : 4 H À 1 NUIT • CUISSON : 1 H

- 1 rôti de veau de 1 kg dans le quasi (à défaut, optez pour la noix pâtissière ou la noix et la sous noix bardées)
- 1 l de lait entier
- 50 cl d'eau
- 2 gousses de vanille
- 200 g d'abricots secs
- 1 cuil. à café de noix de muscade en poudre
- Sel et poivre du moulin

Rôti de veau mijoté au lait de vanille

Une recette super terroir, gentiment chahutée par une pointe de vanille qui sied à ravir aux viandes et aux poissons blancs. Je vous la propose pour quatre mais elle peut aussi nourrir un régiment de copains sans aucun effort, si ce n'est celui de prévoir le dîner à l'avance. Quelle que soit la recette, sachez qu'il faut toujours cuire le veau à feu doux et jamais trop longtemps pour qu'il reste rosé et moelleux.

1 Mettez le rôti dans une cocotte, arrosez-le avec le lait et l'eau. Ajoutez les gousses de vanille fendues. Salez, poivrez et saupoudrez de noix de muscade. Couvrez et laissez mariner aussi longtemps que possible (au mieux 1 nuit, sinon 4 heures au moins).

2 Déposez la cocotte sur le feu, ajoutez les abricots secs et portez à ébullition. Laissez cuire 1 heure à feu doux.

3 Egouttez le rôti et les abricots. Faites réduire la sauce à feu doux, jusqu'à ce qu'elle soit sirupeuse. Mixez-la pour qu'elle soit bien lisse. Tranchez le rôti et arrosez-le de sauce. Servez avec les abricots secs coupés en petits morceaux et du riz basmati.

astuces

• *Même si vous n'êtes que deux, n'achetez pas un petit rôti qui dessècherait immanquablement à la cuisson. Gardez plutôt les restes, c'est également délicieux froid !*

• *Pour vérifier la cuisson : enfoncez une pointe métallique dans la viande et laissez-la en place pendant 30 secondes, posez-la ensuite sur le dos de votre main. Si elle est tiède, la viande est très rosée, si elle est chaude, la viande est à point.*

POUR 4 PERSONNES

PRÉPARATION : 5 MIN • CUISSON : 10 MIN • REPOS : 24 À 48 H AU FRAIS

- 500 g de filets de sole
- 50 g de raisins secs
- 30 g de pignons
- 1 petit oignon rouge
- 3 feuilles de laurier
- 1 pointe de cannelle en poudre
- 5 cl de vinaigre de vin blanc
- 10 cl de vin blanc doux
- 6 cuil. à soupe d'huile d'olive

Sole à la sauce aigre-douce

Hormis les terrines de poisson, souvent caoutchouteuses et insipides, il n'est pas facile de trouver une recette de poisson qui puisse être préparée à l'avance. Ici, je vous propose une préparation ancestrale et très pratique appelée escabèche. Au départ, c'était surtout un moyen de conserver les aliments, grâce à l'acidité du vinaigre et du vin. Aujourd'hui on en fait un plat qui trouve même sa place sur les grandes tables, c'est d'ailleurs le chef du Meurice, Yannick Alléno, qui m'en a appris les rudiments (voir page 60). Sachez que l'escabèche peut s'appliquer aux poissons comme aux petites pièces de volaille : cailles ou perdreaux.

1 Emincez l'oignon. Faites chauffer la moitié de l'huile dans une poêle et faites dorer les filets 3 minutes sur chaque face. Réservez dans un saladier.

2 Mettez les pignons, l'oignon émincé, les raisins et la cannelle dans la poêle. Laissez dorer 2 à 3 minutes en remuant souvent.

3 Ajoutez le vinaigre, le vin et le laurier. Portez à ébullition, salez, poivrez et laissez réduire de moitié. Versez sur les filets et arrosez le tout avec le reste de l'huile.

4 Laisser reposer 24 à 48 heures au frais et sortez le plat du réfrigérateur quelques heures avant de servir.

astuce

Une recette idéale pour éviter de jeter ses restes de poisson cuit à la poêle…

POUR 4 PERSONNES

PRÉPARATION : 15 MIN • CUISSON : 4 H

- 1 kg de joue de bœuf et les abats que pourra vous donner votre boucher
- 1 oignon
- 1 quinzaine de clous de girofle
- 1 bouquet garni
- 1 morceau de gingembre de 30 g
- Légumes au choix (poireaux, navets, carottes, pommes de terre...)
- 2 l d'eau
- 1 cuil. à café bombée de gros sel

Le pot-au-feu du cousin : le bon bouillon

Un plat du pauvre, devenu comble du chic, ça vous dit quelque chose ? C'est la recette d'hiver par excellence. Le plat mijoté qui met tout le monde d'accord... Et en plus, il tient chaud sans trop compter sur la balance : j'ai nommé le pot-au-feu. L'avantage du pot-au-feu, c'est qu'en un plat, on a tout un repas : le bouillon, avec la moelle et les toasts, la viande moelleuse, juteuse, les légumes et tous les condiments. Je vous confie ici la recette qui me paraît la plus aboutie. Encore une fois, il s'agit de celle de mon cousin Marc, un amateur passionné. Il faut le voir sillonner Londres (où il habite) pour trouver de la joue de bœuf. Il faut dire que le climat anglais se prête particulièrement bien à la dégustation du pot-au-feu.

conseils

- *Si vous avez le temps, poêlez la viande dans l'huile chaude avant de la couvrir d'eau pour créer une sorte de croûte et l'empêcher de perdre sa saveur à la cuisson.*
- *Pour parfumer le bouillon sans altérer les légumes, pelez-les, lavez les épluchures et enfermez-les dans une gaze.*
- *Faites ficeler la viande pour qu'elle se tienne à la cuisson.*

1 Dans un grand faitout (pouvant accueillir un panier vapeur), posez l'oignon piqué de clous de girofle, le bouquet garni, le morceau de gingembre pelé et versez le gros sel. Ajoutez la viande et couvrez d'eau froide (1 litre d'eau pour 500 g de viande).

2 Portez à ébullition et écumez progressivement les impuretés qui vont remonter à la surface. Ajoutez des abats. Versez de l'eau froide de temps en temps, le choc thermique fera remonter les impuretés. Maintenez un petit bouillon et couvrez en laissant un petit espace pour permettre l'évaporation sans troubler le bouillon. Laissez mijoter 4 heures.

3 Pendant ce temps, pelez les légumes et faites-les cuire à la vapeur. Ajoutez les paniers de légumes 45 minutes avant la fin de la cuisson en les posant au-dessus de la viande. Mettez les plus longs à cuire au fond du panier (carottes, pommes de terre) et les plus odorants au-dessus (navets, poireaux). Servez entouré des légumes, le bouillon présenté à part.

choisir sa viande

Mélangez les viandes maigres et grasses pour les contrastes de texture et de saveur. Au choix : gîte, noix, paleron, joue et plat de côtes.

POUR 2 PERSONNES PRÉPARATION : 5 MIN • CUISSON : 3 H

- 2 souris d'agneau
- 2 cuil. à soupe d'huile d'olive
- 1 gousse d'ail
- 1 cuil. à café de cumin en poudre
- 1 cuil. à café de coriandre en grains
- 1 cuil. à café de cannelle en poudre
- 1 cuil. à café de sel
- Quelques tours de poivre du moulin

Souris d'agneau confite en sachet

Voici, en quelque sorte, la version « ménagère » de la cuisson sous vide. Très pratique (pas de plats à nettoyer), diététique (on dose l'huile comme on veut mais la viande n'est jamais desséchée car elle cuit à l'étouffée) et idéale quand on veut rester à table avec ses amis jusqu'au dernier moment. Pour servir, vous n'avez qu'à couper les sachets au-dessus des assiettes ! Les industriels n'ont qu'à bien se tenir avec leurs plats tout préparés...

1 Concassez les grains de coriandre. Pelez et émincez l'ail. Dans un bol, mélangez l'huile d'olive, l'ail, la coriandre, le cumin, la cannelle, le sel et le poivre.

2 Badigeonnez les souris d'agneau avec le mélange aux épices, emballez-les bien serrés dans des sacs plastiques alimentaires. Placez les sachets dans le panier d'un cuit-vapeur et laissez cuire pendant 3 heures. Surveillez régulièrement la cuisson et veillez à ce qu'il y ait toujours de l'eau dans le cuit-vapeur.

3 Servez tout de suite ou réchauffez les sachets au cuit-vapeur avant de servir.

4 Accompagnez de semoule aux fruits secs et servez la sauce à part.

conseil

Ajoutez éventuellement quelques brins de coriandre émincée et des quartiers de citron confit dans les sachets.

POUR 4 PERSONNES

PRÉPARATION : 10 MIN • CUISSON : 2 À 3 H

- 600 g de thon rouge
- 50 cl de vin rouge fruité
- 2 brins de thym
- 2 feuilles de laurier
- 20 cl de coulis de tomate (un verre)
- 1 gros oignon
- 1 gousse d'ail (sauf si vous utilisez comme moi une huile parfumée à l'ail)
- 1 cuil. à soupe de farine
- 1/2 bâton de cannelle
- 3 cuil. à soupe d'huile d'olive
- Sel et poivre

Thon à la cuillère

Le thon a l'avantage de plaire à tous, même à ceux qui n'aiment pas le poisson, mais attention, il ne supporte pas la demi-mesure : il n'est bon que rosé (voire presque cru à l'intérieur) ou, au contraire, mijoté très longtemps On imagine mal un poisson mijoté sur le coin du fourneau, que l'on n'aurait plus qu'à réchauffer avant de servir, genre bourguignon de merlan, et pourtant... Je vous le propose un peu confit, comme en conserve, sauf que là, vous n'aurez pas la lourdeur de l'huile mais une sauce délicieusement parfumée au vin rouge et aux herbes.

1 Préchauffez le four à 140 °C (th. 4-5). Coupez le thon en gros cubes de 3 cm de côté environ. Pelez et hachez l'oignon. Pelez et écrasez l'ail.

2 Faites chauffer l'huile dans une cocotte à fond épais. Faites dorer les cubes de thon sur toutes leurs faces pendant 3 minutes. Saupoudrez-les de farine et continuez de les faire dorer 20 secondes. Retirez-les et remplacez-les par les oignons et l'ail écrasé. Laissez fondre 3 minutes avec le thym et le laurier.

3 Ajoutez le coulis de tomate, la cannelle, puis le vin. Salez, poivrez et portez à ébullition. Laissez évaporer l'alcool quelques instants. Plongez les morceaux de thon dans la cocotte et couvrez à moitié.

4 Enfournez et laissez cuire 2 à 3 heures en remuant de temps en temps. Retirez le bâton de cannelle. Servez accompagné de pommes vapeur, de tagliatelles ou de riz.

conseil

Vous pouvez bien-sûr faire mijoter ce plat sur le feu à condition qu'il soit très doux.

POUR 6 PERSONNES

PRÉPARATION : 15 MIN • CUISSON : 3 H

- 1 lapin fermier
- 3 gousses d'ail
- 3 branches de romarin frais
- 12 petites échalotes dans leur peau
- 10 cl de vinaigre balsamique
- 1 bouteille de vin blanc sec fruité
- 10 cl d'huile d'olive
- Sel et poivre du moulin

Lapin confit au romarin

Allez, je vous donne ma recette préférée entre toutes : le lapin confit au romarin. Rien d'autre à faire, que de couvrir les morceaux de lapin de vin blanc, d'aromates et d'un peu d'huile d'olive et de laisser confire tranquillement au four. N'oubliez tout de même pas de retourner de temps en temps vos morceaux de lapin au risque de voir dorer plus que de raison la partie non immergée ! 3 heures après, prévoyez une dégustation à la petite cuillère.

1 Préchauffez le four à 160 °C (th. 5-6). Coupez le lapin en morceaux et lavez-les sous l'eau froide. Séchez-les. Épluchez l'ail, hachez-le et mélangez-le avec le romarin et un peu de sel et de poivre. Enrobez les morceaux de lapin de cette préparation. Disposez-les dans un plat allant au four.

2 Mélangez le vinaigre balsamique, le vin blanc et l'huile d'olive et arrosez la lapin à niveau. Recouvrez de papier sulfurisé. Enfournez et laissez cuire 3 heures, en retournant les morceaux plusieurs fois, pour qu'ils ne se dessèchent pas. Ajoutez les échalotes au bout d'1 heure de cuisson. Veillez à ce qu'il reste un fond de jus au terme de la cuisson.

3 Sortez le plat du four. Versez la sauce dans un bol, laissez-la tiédir et dégraissez-la en retirant le gras resté à la surface. Disposez les morceaux de lapin sur un plat de service, nappés de sauce.

conseil

Ce lapin est encore meilleur quand il est préparé la veille, il peut aussi être servi froid.

POUR 4 PERSONNES

PRÉPARATION : 15 MIN • CUISSON : 2 H 30

- 1 kg de pommes de terre charlotte
- 4 fines escalopes d'échine (400 g environ)
- 1 cube de bouillon de poule
- 2 gousses d'ail
- 100 g de fromage d'alpage type comté, gruyère ou tomme de Savoie
- 15 cl d'eau
- Sel et poivre

Potée savoyarde de Francis Staub

Une fois n'est pas coutume, un ami est venu dans ma cuisine mijoter un vrai plat d'hiver. Francis Staub, ça vous dit quelque chose ? Mais oui, les célèbres cocottes en fonte que nos mamans avaient reçues de leurs mamans et que nous espérons bien léguer à nos enfants (et pas seulement aux filles !). Aujourd'hui, Francis continue de développer l'entreprise familiale et, pour maîtriser l'art des plats mijotés, je ne connais pas meilleur professeur.

1 Préchauffez le four à 150 °C (th. 5). Pelez et coupez les pommes de terre en rondelle de 5 mm environ. Disposez un tiers des rondelles de pommes de terre dans le fond d'une cocotte en fonte, salez et poivrez puis déposez 2 escalopes.

2 Ajoutez le deuxième tiers de pommes de terre, les 2 autres escalopes, le cube de bouillon émietté, puis l'ail pelé et coupé en lamelles épaisses. Terminez par le dernier tiers de pommes de terre.

3 Salez et poivrez légèrement, versez l'eau et recouvrez de fromage râpé. Couvrez et enfournez. Laissez cuire 2 heures 30 environ.

conseil

Après avoir émincé les pommes de terre, couvrez-les d'eau froide pour éviter qu'elles noircissent. Francis a l'habitude d'utiliser ensuite cette eau pour humidifier le plat. L'amidon qu'elle contient va permettre de faire « tenir » le plat.

POUR 6 PERSONNES

MACÉRATION : 2 H • PRÉPARATION : 25 MIN • REPOS : 5 H AU FRAIS

- 400 g de pain d'épices en tranches (1 cm d'épaisseur)
- 200 g de foie gras en bloc
- 40 g de raisins de Corinthe
- 40 g de cerneaux de noix
- 10 cl de vin blanc moelleux
- 3 cuil. à soupe d'eau tiède

Terrine de pain d'épices au foie gras

Une terrine de foie gras originale et bon marché. J'vous file ma combine : alternez, dans une petite terrine, couches de foie gras de canard (en bloc, il est moins cher que le foie « entier ») et couches de pain d'épices trempées dans le vin doux, démoulez, tranchez... et vous pouvez frimer !

1 Versez les raisins de Corinthe dans un bol, couvrez de vin et ajoutez l'eau tiède. Laissez gonfler 2 heures. Concassez les noix.

2 Égouttez les raisins et réservez le vin. Écrasez le foie gras. Incorporez-y les raisins égouttés et les noix.

3 Trempez quelques tranches de pain d'épices dans le vin et tapissez-en le fond de la terrine. Tartinez-les avec le foie écrasé et couvrez avec une autre couche de pain d'épices trempé dans le vin. Continuez jusqu'à épuisement des ingrédients.

4 Tassez légèrement le tout et placez au réfrigérateur 5 heures au moins. Servez frais, coupé en tranches fines.

astuce

Savez-vous que vous pouvez préparer vous-même votre pain d'épices ? C'est enfantin : il suffit de mélanger 300 g de farine complète avec 250 g de miel, 15 cl de lait, 1 cuillerée à soupe de bicarbonate de soude et les épices de votre choix : anis bien-sûr, cannelle, girofle et zeste d'orange. La cuisson ? Pas plus de 45 minutes à 150 °C.

Végétarien

POUR 4 À 6 PERSONNES

PRÉPARATION : 30 MIN • CUISSON : 7 MIN

- 250 g de pâte à ravioli chinois (on les trouve dans les épiceries asiatiques)
- 1 kg de blettes avec leurs feuilles
- 200 g de ricotta ou brousse de brebis
- 70 g de pecorino
- 50 g de parmesan
- 3 œufs
- 1 brin de menthe
- 1 quinzaine de feuilles de sauge
- 25 g de pignons
- 100 g de beurre
- 1 pincée de noix de muscade en poudre
- Sel et poivre

Ravioli de blettes et ricotta au beurre de sauge

Avant de vous lancer dans cette recette subtile, voici les 4 commandements qui vont vous assurer une réussite insolente : 1/ conservez l'eau de cuisson des blettes pour y cuire les ravioli, ils seront plus parfumés ; 2/ pour une présentation raffinée, découpez l'excédent de pâte en suivant le contour d'un verre ; 3/ ne jetez jamais les ravioli dans une eau en forte ébullition, ils s'ouvriraient ; 4/ égouttez les raviolis à l'aide d'une écumoire, ne videz pas la casserole dans un égouttoir. Avec ça, aucune excuse pour ne pas réussir vos ravioli comme un vrai Toscan !

1 Portez à ébullition une grande casserole d'eau salée. Détachez les feuilles des côtes de blettes. Lavez et séchez-les. Plongez-les dans l'eau et comptez 2 minutes de cuisson dès la reprise de l'ébullition. Egouttez les feuilles et rafraîchissez-les. Pressez-les à fond pour en retirer toute l'eau, hachez-les au couteau et placez-les dans un saladier. Ajoutez la ricotta, le pecorino râpé, la menthe hachée, 1 œuf entier + 2 jaunes, la noix de muscade, du poivre et un peu de sel. Mélangez bien.

2 Déposez un petit tas de farce sur une feuille de ravioli, humectez-en les bords et repliez pour former un triangle en évacuant bien l'air autour de la farce. Recommencez l'opération jusqu'à épuisement des ingrédients. Déposez les ravioli au fur et à mesure sur des feuilles de papier absorbant et recouvrez le tout de film alimentaire. Réservez au frais.

3 Lavez et séchez bien les feuilles de sauge. Faites fondre le beurre dans une grande poêle (deux idéalement). Déposez les pignons dans le beurre ainsi que les feuilles bien à plat et laissez-les cuire pendant 4 à 5 minutes (jusqu'à ce qu'elles soient croustillantes). Retournez-les en cours de cuisson. Retirez les feuilles de sauge et réservez le beurre.

4 Portez à ébullition une grande casserole d'eau salée. Plongez-y les ravioli et faites-les cuire 2 minutes. Egouttez et servez aussitôt saupoudrés de pignons et arrosés de beurre de sauge.

astuce

Remplacez les blettes par des épinards surgelés hachés bien égouttés si vous êtes pressé.

POUR 6 PERSONNES

PRÉPARATION : 15 MIN • CUISSON : 45 MN

- 2 rouleaux de pâte feuilletée prête à dérouler
- 350 g de petits pois extra fins surgelés (ou 600 g de petits pois frais dans leur cosse)
- 350 g de fonds d'artichauts surgelés
- 2 petits oignons
- 3 œufs
- 50 g de parmesan râpé
- 2 cuil. à soupe d'huile d'olive

Tourte Pasqualine de Brigitte

La tourte pasqualine est une spécialité provençale, dont j'ai volé la recette à ma belle-maman, Brigitte. Je n'ai malheureusement pas l'occasion de la préparer avec les légumes de mon jardin comme elle le fait et je dois confesser qu'hormis au printemps je n'hésite pas à utiliser des légumes surgelés. Pour ne pas perdre de temps à laisser décongeler les cœurs d'artichauts, je les émince directement dans le plat de cuisson, juste après les avoir fait sauter.

1 Préchauffez le four à 210 °C (th. 7). Versez l'huile d'olive dans une cocotte et faites-y revenir les fonds d'artichauts pendant 5 minutes. Ajoutez les petits pois et les oignons émincés. Faites revenir à feu moyen encore 5 minutes.

2 A la fin de la cuisson, émincez les artichauts en lamelles d'1 cm de large au maximum. Battez 2 œufs avec le parmesan, salez et poivrez. Versez sur les légumes.

3 Dans un grand moule à tarte beurré, déroulez un disque de pâte puis versez-y la préparation. Egalisez la surface puis couvrez avec l'autre disque de pâte en soudant bien les bords. Cassez le troisième œuf, séparez le blanc du jaune. Dorez la surface de la tourte en la badigeonnant du jaune d'œuf.

4 Dessinez des losanges sur le dessus de la tourte avec la pointe d'un couteau. Piquez la pâte au milieu pour que la vapeur puisse s'échapper et laissez cuire 35 minutes environ. Servez tiède ou froid.

POUR 4 PERSONNES

PRÉPARATION : 15 MIN · CUISSON : 35 MIN · REPOS : 3 H AU FRAIS

- 1 grosse patate douce (500 g environ)
- 4 petits oignons frais en botte
- 20 g de beurre
- 10 cl de crème fraîche liquide
- Un peu de gingembre frais
- 1 cuil. à café de miel liquide
- 1 cube de bouillon de volaille
- Quelques brins de ciboulette
- 1,5 l d'eau

Vichyssoise de patates douces au miel

Une soupe originale que l'on peut servir froide ou chaude selon la saison ? J'ai la recette, facile, forcément facile aurait dit Marguerite : la vichyssoise. C'est un grand classique de la cuisine française – habituellement réalisé avec des pommes de terre et des poireaux – que je n'ai bien sûr pas pu m'empêcher de passer à la moulinette de mon imagination. Prévoyez de la servir dans des contenants aussi élégants que le contenu. Et n'oubliez pas non plus la ciboulette !

1 Lavez les oignons, retirez la partie verte et émincez-les grossièrement. Pelez et coupez la patate douce en cubes d'environ 2 cm de côté. Pelez le gingembre et coupez-le en 3 lamelles bien fines.

2 Dans une cocotte, faites revenir les oignons pendant 3 minutes à feu moyen dans le beurre chaud. Ajoutez les cubes de patates douces, le gingembre et faites cuire pendant 5 minutes.

3 Emiettez le cube de bouillon dans la cocotte et versez 1,5 litre d'eau froide. Portez à ébullition, couvrez et laissez cuire 25 minutes. Coupez le feu. Ajoutez le miel, la crème et mixez finement (au mixeur plongeant).

4 Rectifiez l'assaisonnement et laissez refroidir avant de placer au frais pendant 3 heures au moins.

5 Saupoudrez de ciboulette ciselée et servez accompagné de toasts de chèvre chaud arrosés de miel.

POUR 4 PERSONNES

PRÉPARATION : 10 MIN • CUISSON : 40 MIN • REPOS : 1 H

Guacamole d'artichauts

- 10 gros artichauts bretons frais (ou 600 g de fonds d'artichauts surgelés)
- 3 cuil. à soupe d'huile d'olive
- 2 petits oignons (en botte)
- 2 cuil. à café de coriandre en grains
- 1/2 cuil. à café de bon paprika
- 4 brins de coriandre fraîche (ou 1 cuil. à soupe bombée de coriandre surgelée)
- Le jus d'1/2 citron vert
- Sel

Pour la décoration

- 1 petite tomate bien ferme

Transformer le guacamole en une recette légère n'est pas mission impossible, surtout si vous remplacez, comme moi, l'avocat par des fonds d'artichauts. Il suffit juste de les cuire à l'eau – ne vous privez pas de les utiliser surgelés – puis de les écraser avant d'ajouter les condiments idoines : oignons, citron vert, piment et huile d'olive. N'oubliez pas non plus les petits cubes de tomates pour le décor !

1 Faites cuire les artichauts entiers 40 minutes dans de l'eau bouillante salée (comptez 20 minutes de cuisson pour les fonds surgelés). Egouttez-les et réservez l'eau de cuisson. Retirez les feuilles des artichauts et dégagez les fonds.

2 Pendant ce temps, nettoyez bien les oignons et ôtez leurs tiges vertes. Coupez-les en petits dés.

3 Mixez ensemble l'oignon, la coriandre lavée et effeuillée, les épices et 2 cuillerées à soupe d'huile d'olive jusqu'à l'obtention d'une pâte. Ajoutez le jus de citron, les fonds d'artichauts et 3 cuillerées à soupe de leur eau de cuisson, mixez à nouveau.

4 Salez légèrement, rectifiez l'assaisonnement et laissez reposer au frais 1 heure au moins avant de servir. Décorez avec la tomate coupée en dés, arrosez de la dernière cuillerée à soupe d'huile d'olive et servez avec des feuilles d'artichauts ou des tortillas.

conseil

Selon leur qualité et la saison, les fonds peuvent être un peu filandreux. Pour éviter cela, passez-les d'abord au presse-purée, puis mixez la purée obtenue avec le reste des ingrédients.

POUR 4 PERSONNES

PRÉPARATION : 10 MIN • REPOS : 1 H 30 • CUISSON : 40 MIN

Soupe de cèpes séchés d'Ursula

- 60 g de cèpes secs catégorie extra
- 1/3 de branche de céleri
- 3 cubes de bouillon
- 1/2 oignon
- 2 gousses d'ail
- 3 cuil. à soupe d'huile d'olive
- 2 cuil. à soupe de passata (coulis de tomates fraîches)
- 1/2 bouquet de persil plat
- 30 g de parmesan râpé

Ma copine Ursula n'est pas seulement une très jolie personne, elle est aussi une remarquable cuisinière et le meilleur professeur de cuisine toscane que l'on puisse imaginer. Sa soupe de cèpes secs est un miracle de saveur et de simplicité, car elle peut être préparée tout au long de l'année. Une preuve supplémentaire, si besoin est, que la cuisine italienne est aussi habile à mettre en valeur les produits du marché que ceux du garde-manger.

1 Couvrez les cèpes d'eau chaude (à 40 °C environ) et laissez-les reposer 1 heure 30 minutes. Pelez et hachez très finement l'ail et l'oignon. Lavez et hachez la branche de céleri.

2 Faites chauffer l'huile d'olive dans une cocotte à fond épais et faites-y revenir à feu doux tous les légumes et le coulis de tomates.

3 Pendant ce temps, diluez les cubes de bouillon dans 1,5 litre d'eau bouillante.

4 Lavez et hachez très finement le persil. Egouttez les cèpes sans les presser et versez-les dans la cocotte. Remuez et arrosez de bouillon (mettez plus ou moins de bouillon selon que vous voulez obtenir une soupe plus ou moins épaisse). Couvrez et laissez cuire 30 minutes à feu très doux.

5 Servez saupoudré de parmesan et accompagné de pain de campagne finement tranché et toasté.

conseil

Utilisez l'eau de trempage des cèpes pour confectionner votre bouillon (il sera plus parfumé), en prenant soin de ne pas entraîner le sable qui s'est déposé au fond du saladier.

POUR 4 À 6 PERSONNES

PRÉPARATION : 15 MIN • CUISSON : 15 MIN

Salade de pâtes aux légumes et aux amandes

- 250 g d'orechiette
- 300 g de jeunes courgettes
- 500 g de petits pois dans leur cosse ou 200 g de petits pois surgelés
- 60 g de chèvre mi-sec ou de brousse pas trop affinée
- 3 oignons frais
- 50 g d'amandes pelées
- 1 beau brin de menthe
- 2 brins d'aneth
- 100 g d'olives noires dénoyautées
- 1 cuil. à soupe d'huile d'amande
- 1 cuil. à soupe de vinaigre de cidre
- 3 cuil. à soupe d'huile d'olive
- Sel et poivre

La salade de pâtes est le prototype de la recette fourre-tout qui demande pourtant beaucoup de soin. Bien que ce soit l'usage courant, je vous déconseille d'utiliser des pâtes déjà cuites car elles se parfument mieux lorsqu'elles sont assaisonnées à chaud. Pensez aussi à ajouter des légumes dans l'eau des pâtes, en fin de cuisson, pour panacher les couleurs et alléger la salade. Enfin, la salade gagne à être sortie 1 heure à l'avance du réfrigérateur pour réveiller les accents de ses saveurs. Une fois cela acquis, c'est au cœur... et aux placards de parler. Pourquoi pas des oignons frais, des amandes, olives, du chèvre mi-sec, de la menthe... ?

1 Portez à ébullition une grande casserole d'eau bouillante salée. Ecossez les petits pois. Faites cuire les orechiette et ajoutez les petits pois 3 minutes avant la fin de la cuisson. Quand les pâtes sont *al dente*, égouttez le tout et rafraîchissez à l'eau froide. Versez dans un saladier et arrosez avec l'huile d'amande, 1 cuillerée à soupe d'huile d'olive et le vinaigre. Salez et poivrez.

2 Découpez les courgettes en rondelles de 5 mm d'épaisseur, émincez finement les oignons. Dans une poêle, faites sauter les courgettes et les amandes à feu très vif dans le reste d'huile d'olive. Salez, poivrez et versez sur les pâtes.

3 Ajoutez les oignons émincés, le fromage émietté, les olives coupées en rondelles, la menthe et l'aneth ciselée. Poivrez généreusement. Laissez reposer à température ambiante, couvert d'un torchon et mélangez à table.

Index des ingrédients

Index des temps de réalisation

à préparer…

Les recettes présentées dans ce livre sont extraites
du programme « Julie cuisine », produit par J. A. Productions.

Retrouvez toute l'actualité de Julie Andrieu sur les sites
www.julieandrieu.com
www.albin-michel.fr

CRÉDITS PHOTOGRAPHIQUES :
Photos de l'émission « Julie cuisine » : Paul Abel
Photos recettes : Nicolas Louis, Basile Duplessis, Jean Abou,
Lionnel du Baz'Art, Julie Bordes
Photo de couverture : Denis Rouvre

PRODUCTION ÉDITORIALE :
Estelle Cerutti
Catherine Bonifassi

RÉALISATION :

CASSI EDITION

Sabrina Regoui

Photogravure : L.C.
Achevé d'imprimer en France par l'imprimerie Pollina : décembre 2005
N° d impression : L98601
N° d'édition : 24033
Dépôt légal : octobre 2005

Julie cuisine
à l'avance